オーラを磨く宇宙の法則

川合絵津子❖著

八幡書店

オーラを磨く宇宙の法則　目次

目　次

目次

第一章

まずはオーラを見てみよう

オーラのある人

「あの人ってオーラがあるよね」最近、そんな言葉を耳にすることも増えてきました。

ところで、オーラがあるってどんな人のことを言うのでしょう。

存在感がある、人を引きつける磁力のようなものを感じる、生命力があふれて輝いているような感じ、あるいは神々しい、そんな雰囲気のある人のことを言うのかもしれません。

オーラというのはそもそも人間などが持つ、エネルギーの現れをいうのです。

私たちは肉体だけで出来ているのではなく、エネルギー的存在だ、ということに今、たくさんの人が気づいています。

私たちの発するエネルギーにはいくつかの密度の違う層があって、その中でいちばん密度が詰まって重いものが肉体で、順々に密度の軽いエネルギーフィールドが層になって重なっていると考えられています。

一般的にオーラというと、肉体の外にあるエネルギー全体をさして言うことが多いのです。

「オーラのある人」というのは、その人がもつ命のエネルギーが明るく輝いている状態にある人、といえるでしょう。

オーラに気づいてみよう

それでは、オーラって具体的にどんなものなのでしょう？　オーラが輝く人になるためには、オーラがどんなものなのか、少し知っておく必要がありそうです。

でも、オーラって特別な人にしか見えないものなのでは？

そんなふうに思う方も多いかもしれませんが、どうもそうではなさそうです。

なぜなら、オーラというのは私たち生き物のエネルギーを総称して表現する時につかう言葉だからです。わたしたちが発するエネルギーですから、だれでもその気になれば感じ取ることができるというわけです。

オーラを見るには？

それではオーラを見るということにトライしてみましょう。先ほども書きましたが、誰にでも見ることは可能なのです。ただ少しこつがいります。

私たちがものを見るときには、焦点をあわせて、じっとよく見る、というのが普通です。けれども、オーラを見るときにはまったく反対のことをします。

人間だけでなく、動物や植物、鉱物にもオーラはあります。人や植物のオーラを見ようと思う時には、対象全体をぼんやり見てみるのです。決して一つのところに焦点を合わせるいつものやり方で見るのではありません。

　むしろ後頭部に意識を持ってくるような感じで、対象全体をぼーっとながめます。気持ちはゆったりと、リラックスした状態を保ちます。焦点はぼやけているくらいでいいのです。


　すると、見ている相手の頭や身体のすぐ外側に、透明なエネルギーがあるのがわかるでしょう。そしてさらに意識を広げてみると、その外側にさらに広い範囲でエネルギーフィールドがあるのが、なんとなく感じ取れると思います。

　これらのエネルギーフィールド全体が俗にいうオーラだと考えてください。

身体のすぐ外側の透明なエネルギーのフィールドの次には、色がついているると考えられているフィールドがあります。

このように、オーラは一層ではありません。わたしたちがよく「オーラの色」と口にするとき感じているフィールドは、透明なフィールドの外側にあるフィールドのことを言っています。

後ほどふれますが、その領域を眺めているとうっすらと色があるのが感じとれるようになってくるでしょう。

オーラを見る練習を始めてみる

じゃあ、実際どうやったらオーラを見ることができるのでしょう？オーラは誰にでも見ることはできますが、それには少し練習が必要です。

まずはじめに、自分自身の指先や手のひらを見てみる練習をしてみましょう。

手のひらを上にしてリラックスして眺めていると、次第にぼーっと白いような、透明なようなエネルギーがでているのがわかると思います。

もし見えにくければ、夜寝る前、電気を暗くした部屋で見てみるのもよいでしょう。あるいは、手の背景に黒い色の布や紙をおいて練習してみるのも良いかもしれません。

どちらかといえば最初は、電気を落とした暗い場所の方が見えやすいのではないでしょうか。

そのときに、あんまりじっと見つめるのではなく、なんとなく視線をはずしながら、ぼんやりと眺めます。

オーラは自分の命のエネルギーの現れですから、そのエネルギー全体を感じてみるような心持ちでぼんやりと眺めてみましょう。

そのうちに、指先からも何か白っぽいもやっとしたものが出ているのに気づくかもしれません。また、直線的な透明なエネルギーも見えるでしょう。あるいは時折キラっと瞬間的に光る粒子のようなものなども見えてくることでしょう。

練習を続けていると、私たちの身体からは本当に色々なエネルギーが出ていることがわかるようになってきます。

これは、オーラの中でも身体にいちばん近い部分の層です。比較的短期間で見えるようになってきます。

カフェで練習

自分の手や足を見る練習にあきてきたら、他の人のオーラを見てみるのも良いでしょう。

いちばん良いのは、何人かの仲間で互いのオーラを見る練習をすることですけれども、なかなかそれも難しいかもしれません。

そんなとき、たとえば駅で電車を待つあいだ、あるいは休日にカフェに行ったとき、ぼんやり外の景色を眺めながら、ついでに行き交《か》う人の頭のあたりをぼーっとみてみる、というのが良いと思います。

あんまりじーっと見ているわけにはいきませんが、カフェの中の人、道を行き交う人、そんな人たちを交互になんとなく眺めてゆくうちに、身体のすぐ外側にある透明のエネルギーを見ることができるのに気づくでしょう。

知らない人をじーっと見続けていることは難しいことです。ですから、この練習を続けるには、短時間で、エネルギーのフィールドにアクセスしなければなりません。そのような練習にもなると思います。

エネルギーを見るには多少の意識の切り替えが必要となります。この練習に慣れてくると、その切り替えを瞬間的に行えるようになってくるかもしれません。

色々な人を見ていると、ときには頭から湯気のようなエネルギーが立ち上っているのが見えることもあります。一生懸命話に集中しているときにはそんなこともあるものです。

そんなふうに、いつでもオーラのこと、自分や人のエネルギーのことに気持ちを向ける時間を毎日持つようにします。このことが大切です。

物が発するエネルギー

ここで少し、物がエネルギーを発しているのを見たときのお話をしてみましょう。

以前、パソコンの講習会でインストラクターをしていたときのことです。

休憩時間に入り、雑談の中で、同僚にエネルギーの見方を教えていたところ、あっというまに見えるようになった方がいました。

その彼女が、「あの椅子からものすごい量のエネルギーが出ていますね」と言うので見てみると、白い蒸気のようなエネルギーが大量に出ていました。

そこに座っていた方は、大変熱心に学ばれていたことが、互いの印象に残っていました。そういう熱意や集中している気持ちのエネルギーが椅子にも伝わったのですね、と納得しました。

こんなふうに、命をもたない、と思われるような物に伝わったエネルギーも見ることができます。

練習の機会はいつでもありますから、興味をもって取り組んでゆくうちに、エネルギーってなんだろう、ということがなんとなくわかってくるようになるでしょう。

樹木のオーラ

公園や駅の植え込みなど、街路樹がたくさんあります。

山に行けばたくさんの木々が生い茂っています。リラックスして、ぼんやり木を眺める時間を持てたときに、是非ためしていただきたいのが、樹木のオーラを感じ取ってみることです。


空に向かってのびている樹木の枝先をぼんやり眺めてみましょう。するると、枝先を囲むように透明なエネルギーが存在するのを感じることができるのではないでしょうか。

さらに意識を広げてゆくと、うっすらグリーンに色づいたオーラも見ることができるかもしれません。

自然の中でリフレッシュ、リラックスする機会があったときに、一度ためしていただきたいと思います。

そして、そのときにためしていただきたいのが、樹木との対話です。樹木の意識、植物の意識は人間の意識よりずっと軽く薄いので、対話は最初は難しいかもしれません。

でも続けてゆくと、自分の中の違ったチャンネルに気づかされます。また、人間の意識って重いんだな、ということにも気づいてくるかもしれません。

石のオーラ

以前、クリスタル・ヒーリングセッションをしていたことがありますので、わが家にはさまざまな石が集まっています。

石のエネルギーはどんなふうに見えるのだろう？　そんなことをふと思いついて、見てみました。

最初に手にとったのは、ピラミッド型のラピスラズリ。ラピスは藍色の石で、額のチャクラに作用するエネルギーを持つとも言われていますね。

トライしてみたのですが、どうも見づらく、手にとってしばらく握っていました。

すると、額のチャクラにとても気持ちのよいエネルギーが来て、しばらくのあいだ、エネルギーと共鳴していました。

その後、もう一度見てみると、ピラミッドの頂点から上に向かって透明なエネルギーがあるように見え、また周りをかすかに薄い藍色のようなエネルギーがあるように感じたのですが、どうもはっきりしません。

そこで、次に取り出したのが、アクアオーラのクラスターです。アクアオーラは水晶に金を蒸着させた水色っぽいきらきらした石です。喉のチャクラに作用する石と考えられています。

この石のおかげでビジネスのお話がうまくいった、などという経験があり、私とは相性の良い石なのです。

そこで見てみると、すぐに、緑色がかった水色のような薄い色のエネルギーがクラスターの上にあるのが見えました。

石との相性もありますし、石の形状や自分のコンディションもあります。色々な石のエネルギーを見ることを楽しんでみてはいかがでしょう。

そのとき石と会話してみると、さらに関係が深まるかもしれませんね。

エネルギーを感じようとすること

こうして、エネルギーを見る練習をしてゆくと、どんな人も生物も命のエネルギーを発していることがわかります。

そしてすべての人と人のあいだには、目には見えなくとも、エネルギーフィールドが作られ、それが互いに影響しあっています。

また、エネルギーが互いに影響しあうのは何も目の前にいる人だけではないのです。

遠く離れていても、互いのエネルギーは影響しあうことがあります。

こんなふうに思ってゆくと、目に見えることだけがすべてではない、ということが、どこか腑に落ちてきます。この感覚はとても大切なことです。

エネルギーに対する思いが変化するにつれて、オーラも見やすくなってくるかもしれません。まずは身体の外側にある透明なエネルギーを見ることになれてゆきましょう。

色つきのオーラ

透明なオーラの外側には色つきのオーラの領域があります。ただ、色といっても、どちらかと言うとうすい蛍光色のようなパステルカラーのような感じで見えることが多いようです。

また、この領域のオーラは肉眼で見る、というよりはどちらかというと透視でみるような感じで見えることも多いのです。

色つきのオーラを見ようとするとき、見る対象になっている人全体を受け取って見るという感覚が大切です。

オーラの色を感じるというのは、その人がもつエネルギーの振動を「色」に置き換えてとらえるということではないか、と私は思っています。つまりエネルギーを翻訳するとこんな色として見える、という具合です。ですからオーラを見る前段階として、どんな色合いのエネルギーの人なのか、瞬間的に自分の中でひらめく色を大切にしてみましょう。

また日頃目にする色々な色に対する感性を豊かにしておくことも役立つでしょう。

たとえば青や赤など、さまざまな色を見たときに、胸のあたりでどんな感覚を抱くか。あるいは色を見たときに温度を感じる人もいるでしょうし、においを感じる人もいるかもしれません。

色の持つエネルギーを自分なりに感じてみましょう。そして、色を見たときに自分なりの翻訳のしかたで、「こんな感じ」という受け取り方をしている、ということに、意識を向けてみましょう。

そのようにして、日頃から色に対する受けとめ方や、感性を豊かにしておくことです。すると、人に出会ったとき、この人はこんな色、というのが自然とひらめくようになってくると思います。

つまり、日頃から自分の感覚を開こうとする、ということが大切なのです。

補色を見る練習

以前参加したある講習会で、オーラを見る練習をしたことがあります。そのときいちばん最初に行ったのが、補色を見るトレーニングでした。

補色とは互いに補い合う正反対の色のことをいいます。たとえば赤の補色は青緑、紫の補色は黄色などという具合です。

これらの色をじっと見つめたあと、その色を取り去ると、何もない場所に補色がうっすらと見えます。これは補色残像と言って、色の残像を見ているのです。

講習の参加者は、何枚かの色紙《いろがみ》をわたされました。最近百円ショップで色紙は手に入りますね。

そのうちの数枚を手にもち、最初はじーっと色紙をみつめ、頃合いを見計らって、さっとそれを目の前からどけるのです。

そうすると、今まで色紙があったところに、かすかに色紙とは反対の色が見えました。

その練習をした後、グループで一人が白い壁を背にして立ちます。

その代表一人のオーラを皆で見る、という練習をしました。

そのとき、そばにいた女性が、「自分の頭の後頭部にりんごがあると思ってそれを意識しながら見るといいのよ」と教えてくれました。

そのおかげもあって、すぐにはっきりと代表者のオーラを見ることができました。

この時の経験の要点は、二つ。一つは補色を見る練習をしたこと。もう一つは後頭部に意識をもってきてぼーっと見た、ということです。

みなさんも、まずはこの補色を見る、という練習を通して、うっすらとした色を見る、という体験をしてみてください。

自分の手のオーラを見る

そんなふうに、色に対する感性を高めつつ、出会った人のエネルギーを色でとらえる練習を続けてみたら、今度は実際にオーラの色を見てみましょう。

まずはじめに、自分の手を見てみましょう。手の背景は白い色にしておくと見やすいと思います。そのときには、明かりはあまり明るすぎない方が良いと思います。

最初に、いつものように透明なエネルギーフィールドを見てみます。その次に色のフィールドを見てみましょう。何度か書いていますが、オーラとはエネルギー全体のことですから、全体を感じるようにする気持ちを持ってください。

見よう、見ようと思わずに、まず最初に受け取ろう、感じようというぼんやりとした意識を保つようにしましょう。

そして、「色をみせて」と語りかけてみたり、エネルギーと対話するような心持ちを持って手の背景全体をぼんやりと眺めてみましょう。

わりあいとはっきりした色で見えることもありますし、まるでスプレーをかけたようにうっすらと周囲に見えることもあります。
また日によって色の強さや見え方が異なることもあります。
何度でも根気強くトライしてみましょう。

色を感じてみる

次に機会を見つけて、周囲の人のオーラを感じてみましょう。

この時も対象となる人をじーっと見つめるのではなく、なんとなくその人と、周囲全体をぼんやりと眺めてみます。

見えやすい場所は、頭のまわりや首から肩にかけてのあたりだと思います。人によっては背中のあたりや腰のあたりに見える人もいることでしょう。

オーラを見るというのは、その人が発するエネルギーから情報を読み取るということでもあります。ですからその人全体を感じるという感覚が重要です。

ぼんやり眺めていると、たとえば後頭部、背中、肩のあたり、腰など、色々なところにエネルギーを感じるかもしれません。

そしてそれらがどんなふうに広がっているのか、どのような色合いをしているのかがだんだんと感じられてくるようになります。

何人かでやってみましょう

透明なエネルギーを見る練習のときにもふれましたが、できることなら何人かで互いのオーラを見て、見えた物をスケッチすることが良い練習方法となります。

そのときに大切なことは、自分が見ている物が正しいか間違っているかという感覚にとらわれないことです。

やっているうちにわかってくると思いますが、同じ人のオーラを複数の人で見ていても、必ずしも皆同じ見え方をしているとは限らないからです。

色についてはおおよそ同じような色調で見えるかと思いますが、オーラが広がる形や勢いなどは、微妙に違った見え方をしていることがあるでしょう。

これは人それぞれ、エネルギーの受け取り方が異なるということでもあります。あるいは、どの点を重視してエネルギーを読み取っているか、ということの現れでもあるでしょう。

もしかしたら、色を見ようと思って、もっと違う領域の情報を受け取る、ということもあるかもしれません。

オーラには相手の人の内側のさまざまな情報が含まれています。色を見ていくうちに、その人の内面的、性格的な特徴や、現在抱えている問題などをダイレクトに感じてしまうこともあるかもしれないのです。

そうなるとすでに透視的な領域に入ってきます。

テレビや写真を使ってみる

一人で練習できれば時間やタイミングに縛られず自由に行うことができます。そんなときにやってみたいのが、テレビを使って人のオーラを見てみる練習方法です。

テレビに映っている人のオーラを見て、それをスケッチブックに書き込んでみるのです。色鉛筆を使って、感覚的に直感的にスケッチしてみましょう。

なぜこんな色を感じたのか、後からわかってくることもあるでしょう。

また、写真を使ってオーラを感じ取る方法もあります。

たとえば何人か写っている写真の中に、自分の会ったことのない人がいたら、その人のオーラを見てみましょう。

あとで実際にその人に会ったときに、確認することができるでしょう。

また、知っている人のオーラも、ふだんじーっと見られない分、写真であればじっくり眺めることができるでしょう。ゆっくりリラックスして練習してみてください。

鏡を使った練習

「自分の手のオーラを見る」の項目で、自分の手のオーラを見てみるというやり方についてお話ししました。

今度は鏡を使って、自分自身のより大きな範囲のオーラを見る練習をしてみましょう。

オーラは鏡に映るのか？　そういう疑問をもたれるかと思いますが、オーラが鏡に映るというわけではないのだと思います。

オーラを見るというのは、つまりエネルギーの状態を、色としてどんな色で受けとめるか？　ということなのです。

ですからおそらく、鏡にオーラが映っているのではなくて、自分自身のエネルギーの状態や情報を、鏡を通じて受け取っているのだと思います。それを色に置き換えて受け取る、ということではないでしょうか。

前にも書きましたが、透視的にとらえると、エネルギーから、たとえば、その方の過去の情報、未来の情報、あるいは現在の問題などさまざまな情報を読み取ることができます。

そのなかで、いまわたしたちがアクセスしようとしている切り口は、その人の情報全体を色でとらえる、ということなのです。

鏡に映っている自分の姿を見たときに、自分の周囲のエネルギーをそこに感じ取っていると考えることができます。

そのエネルギーを色としてどう受けとめるのか、というのがオーラを見る、ということになります。

そう考えると鏡を見て、自分のオーラを見ることも可能だと考えられるわけです。

写真やテレビも同様なことだと考えられます。

基本にかえって

オーラを見る練習は継続して行うことがいちばんです。

ですが練習相手がいないなどの問題もあるかもしれません。

そんな時は基本にかえって、自分の手や足のオーラを見る練習方法をやってみましょう。これでしたら、いつでもどんなときでもできますから、継続するのにいちばん良いでしょう。

とにかく一日数分でも良いですから、根気強く、できれば毎日行えると良いと思います。

そして、基本的な考え方として、見えない身体を感じてみる、見てみるという感覚を自分自身が受け入れられるようになっていっていただきたいと思います。

それは学校で学んだことや、教科書に書いてある知識とは全く異なります。知識ではなく、身体を通じて受け取るものです。

新しい領域に冒険にゆくように、是非楽しんで続けてみましょう。

色の持つ意味合い

オーラの色は何色かが同時に見えることもありますし、単色が強く出ていることもあります。しかし、色というのはその人のエネルギーを表しているので、それぞれにある程度意味合いがあると考えられます。

しかし、「色つきのオーラ」の項目でお話ししましたように、人がそれぞれ色から感じ取る意味合いというのは微妙に異なってきます。

また、人それぞれによって同じ色を見ても完全に同じ色を感じているとは限りません。

あくまでその人にとって、このエネルギーをどのような色で感じるか、翻訳するのか、ということが大切です。

そういう意味で、日頃から色から感じ取る「意味合い」というものを自分なりに整理しておくのが良いでしょう。

ですからここでは、あくまで一つの例として、私なりに感じる色の意味、キーワードについて少し記しておきたいと思います。

赤　生命の力、現実化させるエネルギー、情熱、リアリスト、自分中心

黄色　明るい、快活な、自己表現、外へ向かっていこうとする力、希望

に満ちた心

オレンジ　情熱的な、冒険好きな、先に進もうとする力、社交的、独創性

緑　癒し、バランス感覚、慈しみ、ヒーラー、教え、自然との調和

青　純粋さ、直感、正直、冷静、控えめ、コミュニケーション力の高さ

紫　内省的、抽象的思考、曖昧さ、宗教性、包容力、直感

ピンク　母性、愛情豊か、柔軟、空想好き、柔らかな受容力

白　強い陶酔感、恍惚感、神聖さ、純粋さ、人を引きつけるカリスマ性

いかがでしょうか。それぞれに色についてお感じになることを大事にして、ご自分の感覚でオーラの色を解釈してみましょう。

チャクラと色

インドの伝承医学には、人間の身体に生体エネルギーの中枢となるセ

ンターがあるという考えがあります。それをチャクラと呼んでいて、主要なチャクラは七つあるとされています。また、チャクラは身体の中心線上にあると考えられています。

「チャクラ」とはサンスクリット語で「輪」という意味です。チャクラではエネルギーが回転しており、その状態が輪のように見えることからその名で呼ばれるようになったといわれています。

わたしたちのエネルギーフィールドであるオーラは、このチャクラと密接な関係を持っているようです。

脊髄にそって七つ並んだエネルギーセンターは、いちばん下から頭頂部まであるとされています。

チャクラについての考えは、インドのヒンドゥー経典の『ウパニシャッド』に由来すると言われています。その後、欧米にも取り入れられました。その流れの中でいくつかの変化もみられ、人によってチャクラとその色や身体の部分について解釈もわかれた感があります。

おもに、考えられているチャクラの色と身体的部分について、ご紹介しておきます。

【チャクラ】

チャクラ名	場所	色	内分泌腺
第一チャクラ	根底	赤	睾丸／卵巣
第二チャクラ	仙骨	オレンジ	副腎
第三チャクラ	太陽視神経叢	黄	脾臓
第四チャクラ	心臓	グリーン	胸腺
第五チャクラ	咽頭	トルコブルー	甲状腺／副甲状腺
第六チャクラ	額	藍	脳下垂体
第七チャクラ	頭頂	紫、白	松下体

これらのチャクラが活性化しているか、不活性化しているかによって、身体のエネルギーバランスに影響が出ると考えられています。

すべてのチャクラがバランス良く開き、活性化していることが望ましいとされています。

チャクラの位置は手をかざしてみると、その微細な感覚から感じ取ることができます。

身体の表面からそして背面からも感じ取ることができるので、自分のチャクラの状態を知るために、エネルギーの状態を感じてみましょう。

これらのチャクラのバランスが、オーラの状態に影響を与えているとも考えられています。

人のオーラの色

人のオーラの色には、ベースとなる色があります。でも、固定的でなく、その時々の感情などによって変化する部分もあります。

また、一人一色しかない、というわけではなく、いくつかの色が同時に存在していることが多いです。

また、黄色やオレンジのようにグラデーションの加減で、どちらともいいがたい場合もあります。

たとえば、緑色でも、暗く濁った緑色であれば、癒しや教えなどよりは、他者とのつながりへの怖れや不安などを表すでしょう。

あるいは薄い黄色がかった緑色のように明るい色であれば、思いやり、親切、シンパシーなどを表すでしょう。

このように一つの色でも、濁りや暗さ、明るさなどによって、色が伝えるメッセージは異なります。

いちがいに決めつけられませんが、濁っている場合などは色の持つマイナス面が付け加わることが多いでしょう。

ですので、オーラの色以上に透明さ、明るさというのが、エネルギーの状態にとって重要な要素なのです。

このように、色の伝えてくる意味合いはさまざまです。

単純にこの色のオーラの人はこういう人、という具合に杓子定規に決めつけて判断しないようにしましょう。

まずは見えた色から自分自身がどんな印象を受け取るか、感じてみましょう。

色から受け取る意味合いは人によってさほど大きな違いはないと思います。皆さんの感性によって受け取った色を解釈してみるのが大切だと思います。

オーラの色を見るときの注意点

「人のオーラの色」のところで、オーラの色を感じるようになってきたら、この人はこういう人、という具合に決めつけないでほしい、ということをお話ししました。それについて少し補足しましょう。

なぜ、そのようなことをお伝えするかといいますと、色が伝えるメッセージはある程度単純化したものだからなのです。

そこで切り捨ててしまっているメッセージもあるでしょう。

そのことを覚えておいていただきたいと思うのです。

また、オーラが見えるから人の優位にたつ、というような心持ちは「百害あって一利なし」です。オーラが見えることは、なにも特別なことではありません。

人のエネルギーを見るということは、その人の内側にそっとふれさせてもらう、ということなのです。そのことを覚えておいていただければと思います。

また、人のオーラを見てゆくと、どうしてもその人のエネルギーにシンクロしやすくなります。慣れてくれば自分を保ったままエネルギーを見ることができますが、慣れないうちは少し引きずってしまうかもしれません。

そんなときは練習を休憩して、しっかり自分自身にもどってきてから再度行ってください。

オーラの見え方

実はオーラの見え方には二通りあるようなのです。

一つは肉眼で見る方法。そしてもう一つが透視的に見る方法です。

ただ、結局のところ、肉眼で見ていても完全に肉眼だけではなく、透視的な見方を併用して見ているというのが実際のところのように思います。

肉眼で見る場合、オーラはその人の身体の周囲にそのまま色として見えます。

透視の場合は、頭の中のスクリーンのようなところに、ぱっと色や状態が一気に情報として入ってくる感じで見えます。

肉眼で見ていても、この透視で見る見方を身体の周りに投射して見ているのではないかと思います。

そうすると結局、透視的な見方をしている、ということになるのでしょうか。

透視なんてできない、と思われる方も多いかもしれませんが、実は日常生活で結構使っているのですね。

透視は意外と使ってる?

透視と言ってもおおげさなものではありません。

頭のなかにふっとイメージがひらめくときはありませんか?

そんなとき実は、透視的なやり方で物事をとらえているのです。

たとえば今、「りんご」「バナナ」あるいは「コカコーラの缶」などを頭の中にイメージすることはできますか？

そう言われたら、たぶん人それぞれ違ったものを思い浮かべるでしょう。大きさ、色合い、コカコーラだったら缶の大きさも人によって違うかもしれません。

それではたとえば、ご自分のオフィスのデスク、ご家族の顔、恋人の顔、そんなことをクリアにイメージできますか？

日常生活で、ぱっと誰かのことを思い浮かべる、という経験はないでしょうか。

透視の基本となっている感覚は、このように頭の中にイメージを浮かべるということなのです。

リンゴやバナナが思い浮かべられたからといって何の役に立つの？　と思われるかもしれません。ただこの感覚を応用してゆくと良いと思うのです。

あの人今どうしているかな？　とか、デスクに忘れ物をしちゃったけれどどこにしまったかしら？　とか。そんな時に頭の中にぱっとひらめく映像があると思います。

この感覚で、人のオーラを見ていく感じなのです。

自分の感覚を肯定する

ぱっと感じたこと。一瞬ひらめいたこと。

わたしたちはそうしたものを、「いや、気のせいだ」「自分の思いこみだ」と言って否定してしまいがちです。

でも、オーラを見る練習の時には、自分に入ってきたものをまずはそのまま受け取ってみましょう。

そしてそれをスケッチしたり、言葉で入ってくるのなら、メモをしたりしてみましょう。

大切なことは、自分の感覚を肯定するということです。

日常生活において、わたしたちはたくさんの情報を知らず知らずに受け取っています。

ただ意識しないだけで、本当に膨大な量の情報を受け取っているのです。

「第一印象」とか「嫌な感じ」とか、人によってさまざまですが、直感的な情報の受け取り方をしています。

それを大切にしてみましょう。

オーラの感じ

オーラを見る練習をしていると、オーラ、つまりはエネルギーの状態に、人それぞれ違いがあることに気づくと思います。

やわらかくて広がっている感じ、堅くシャープな感じ、人を寄せつけない感じ、暗い感じ、明るい感じ、暖かい感じ、身体の後ろのほうが広がっている感じ、どちらかと言うと前の方にエネルギーがある感じなど、さまざまだと思います。

こうしたことも、自分のノートに書き留めてみましょう。

「なんとなく、こんな感じ」……それがとても大切なのです。

私たちはふだん目に見えるものに素早く反応して生活しています。そして見えない曖昧なものを切り捨てています。

でも、こうして「感じる練習」をしてゆくと、目には見えないエネルギーを見るという生活に入ってゆけるのです。

感じていることに意識を向ける生活です。

オーラも私たちの身体の一部です。目には見えない身体を感じるという意識を持ち始めたら、次の段階に進んでゆくことができます。

オーラをどう見ているか

さてそのお話をする前に、私自身がオーラをどう見ているかについて少しお話ししてみましょう。

ふだん人とお話をするときには、あえてエネルギーは見ないでお話ししています。

そうでないと、ついよけいなことに気づいてしまったりするので、ただ会話を楽しむだけにしています。

でも、オーラ視の練習や、リーディングのお仕事の時はそうではありません。

まず相手の方のエネルギーを読むわけですが、ふだんはまず全体をチェックします。

そして、詰まりのあるところ、エネルギーの明るさ、暗くなっているところの原因などを読んでゆきます。

あら？　と思われる方も多いかもしれませんが、つまりふだんはオーラの色はあまり気にしていないのです。

オーラの色というのは何回か書きましたが、その方の命のエネルギーを色に翻訳して受け取っているわけです。

でも、色に置き換えてそこで終わりにしてしまうわけにはいきません。

ですからその先の情報に自然と行ってしまいがちなのです。

では、あえてオーラを見る練習をするときはどうでしょう。

自分の手や身体を見るときにはじっくりと時間をかけられますから、手や身体の周りの色を見ることはできます。

他にも知らない方を見るときにも、肉眼で見えるときもあります。

ただどちらかというと、頭の中にその人のヴィジョンが浮かび、その周りにさーっとオーラの色が見えるという方が多いようです。

つまり、透視的な見方になります。

あるいはもっとスピーディな場合は、全体のイメージがポコンと自分の中に入ってきます。その人の体のエネルギーの状態についての情報が一気に入ってきます。それをほどいてゆく感じで、言葉による説明として情報を受け取ったり、ヴィジョンとして受け取ったりします。

手元に色鉛筆などを置いて、感じる前に鉛筆を手にとってさーっと書いてしまうという場合もあります。

そのときには、ただ手の自然な動きにまかせて一気に描いてしまうのです。

以前あるヒーリングのワークショップをやったときのことです。

お集まりになる方々ほとんどが初対面の方でしたので、より良くサポートができるように、事前に皆さんのエネルギーを見させていただこうと思いました。

遠隔でエネルギーを見させていただいたときに、オーラの色や状態をお一人お一人描いておき、自分自身の資料としていたのです。

そのときは、見るといっても瞬間的に、色鉛筆をどんどん手にとって描いていきました。

実際お会いして確かめたところ、かなりよく描けていたように思います。

残念ながら、その頃の資料はすべて捨ててしまっていて、手元には残っていません。

しかし、このような場合、エネルギーの状態を色でとらえておくと、どんなふうにサポートしてゆけば良いのかわかって良かったと思っています。

オーラの色にしても、その他のエネルギーの状態にしても、最初に全体として「こんな感じ」というふうに入ってきて、あとはどこに照準を合わせるかで、どの情報を取るのかを決めてゆく、というのが私のいつものパターンだと思います。

自分のエネルギーを見てみる

鏡を使って、自分自身のオーラを見る練習はしてみたでしょうか。こんどはそれを鏡を使わずにやってみましょう。

まず、なんとなく自分の立ち姿をイメージしてみます。できれば目を閉じずに、開けたままでイメージしてみましょう。難しい場合には目を閉じてイメージしてみてください。

その周りをイメージの目で見てみたときに、どんな色が見えますか？

また、明るさや暗さ、軽さや重さなどはどうでしょうか？　オーラの中に、なにか他のものは見えますか？　人の顔であったり、何か鋭い物が刺さっていることもあるかもしれませんし、玉のようなものなど色々なものを感じるかもしれません。

身体の前面だけでなく、背中側もぐるっと見てみましょう。

なんとなく、で良いですから、見えなくても感じ取ったもの、あるいは見えたものをメモしてみましょう。

そのときできるだけ思いこみは手放すようにして、ただ何が見えても否定することなく、リラックスしてぼんやりと感じてみてください。

ざっと眺めたとき、自分のオーラの大きさや明るさはどうだったでしょうか。

また、イメージの中の自分を横向きにしてみましょう。

すると、自分の前面にあるオーラと背面にあるオーラの状況が感じられると思います。

広がり具合や透明度、色、暖かさ冷たさ、堅さ柔らかさ。

そうしたものを全体的に、感じてみましょう。

一般的に、オーラの色が濁っていたり暗かったり、あるいは重い感じがするときには、そこにエネルギー的な滞りがあると考えられます。

たとえば、身体に痛みを感じる部分や、あるいは風邪をひいて咳が出る場合の喉など、病気や怪我の患部が重さや暗さを表して感じられることがあります。

自分のエネルギーの状態を定期的にチェックしてみましょう。

曖昧であること

オーラを見る練習をする時に、なんども出てくるフレーズが「ぼんやりと」「リラックスして」「なんとなく」だったと思います。

忙しい日常を手際よく切り抜けていくために、わたしたちの意識は、はっきりしたもの、明快なものに向いています。意思もはっきりわかりやすく伝えなければなりません。

「ぼんやりと」「なんとなく」では生きていけない、という部分があると思います。

しかし、目に見えない領域の情報を扱うとき、この「ぼんやり」「なんとなく」という曖昧さがとても重要になってくるのです。

目に見える世界を三次元の世界ととらえると、それ以上の次元の世界、四次元、五次元など目に見えない領域にアクセスするとき、曖昧な境界に意識を置くことになります。

ここでもない、あそこでもない境界にたつ時、どうしても意識は「ぼんやり」「なんとなく」という状態になります。

さらに大切なのが、あらゆる感覚を開いておく、ということです。

私たちの身の周りには、本当に膨大な量の情報があふれています。

すべてを意識することはとても出来ませんから、どうしても切り捨てある方向に集中しています。


電車に乗っているときであれば、周りの人との距離や足の置き場とか、あるいは次の駅はどこかとか。

次々と変化する状況に意識を集中し、不快な状況は意識から切り捨てています。

満員電車の中で、意識を開いていなさい、というのは無理な話です。

それではストレスがたまってしまいます。

オーラを見る練習をするときは、意識を開いていても、感覚を開いていても大丈夫な場所と時を選んで行うことが必要です。

日常の意識のモードと、目に見えない物にアクセスするときの意識状態を切り替える必要があると思います。

自分のオーラを見てみたら

自分のオーラを見てみたら、その輝きや軽さに注目してみましょう。

チャクラのお話をしましたが、それぞれのチャクラのエネルギー状態はどのようでしたか。チャクラは生体エネルギーのセンターだと言いました。

ここが滞っていると、オーラ全体に影響が出てくると考えられます。チャクラの状態まで見ることは難しいと思います。でも、チャクラがあると考えられている身体の部分を感じてみたとき、スムーズにエネルギーが流れている状態か、それとも滞っている感じがするか、なんとなく感じてみましょう。

もしも、チャクラだけでなく、身体のエネルギーが滞っていると感じる場合には、早めに自己ヒーリングや浄化をして、滞りをすっきり流すことが大切です。

こまめにチェックして、エネルギーの流れをスムーズにしてゆくことで、オーラは輝いてゆきます。

そしてオーラを磨き、輝いてゆくことによって、人を引きつけ、さまざまな幸運をも引きつけてゆくことができるでしょう。

オーラを磨くってどういうこと？

では、オーラを磨くというのはどういうことなのでしょう。

人は日常生活の中で、さまざまな体験をします。その体験を通して、自らを高め、また自分本来のありかたをみつけるということが理想です。

しかし、実際には人間関係のもつれや、考えられないような出来事の連鎖などで、心が深く傷つき、いつまでもその傷が残っていることさえあります。

実はこうした心の傷などが私たちのエネルギー状態に影響を与えているのです。

オーラの滞りには一時的なものもありますが、エネルギーがこのように深く傷ついた場合、エネルギー上にゆがみや詰まりが生じてきます。それが全体の流れに影響してくることが考えられます。

こまめにエネルギー状態をセルフチェックして、日常的なエネルギーの滞りを流してゆくようにしてゆくことで、こうした深いところの滞りもやがて解消してゆくことができると思います。

まずは、日常的な滞りをさっと流してゆく習慣を取り入れてみましょう。そうして、オーラの状態をいつも明るく輝く状態にすることを意識してみましょう。明るく輝くオーラを持つ人に魅力を感じて、人や出来事が引き寄せられてきます。

オーラを磨く、とはいつも明るいオーラの状態をキープしようとすることなのです。

第二章では、具体的にオーラを磨き、明るく澄んだ状態にするための方法をご紹介してゆきます。

第二章

きれいなオーラでいるために

第一章では、エネルギーフィールドを実感していただくために、オーラについて簡単に説明をしてきました。

第一章の練習方法などを通じて、目に見えないエネルギーも実際に存在しているということを感じていただけるようになったでしょうか。

第二章では、もう少し話を進めて、私たちの身体の生体エネルギーの状態を浄化するための方法を考えてゆきましょう。

オーラをきれいに保つには

オーラ、つまり私たちのエネルギー状態をきれいに保つためには、大きくわけて二つのアプローチがあります。

一つは身体から働きかけること、つまり外側からの働きかけを使って、エネルギーをきれいに保つ方法です。

もう一つは心の状態を整えること、つまり、私たちの内面に働きかけることによって、エネルギー状態をきれいに保つ方法です。

何もしなくても常にエネルギー状態は完璧！　であれば良いのですが、実際にはなかなかそうはいきません。

生きていれば色々なことがあります。でも、それをいつまでも引きずってしまっていては、前に進めません。わかっていても、なかなかそう簡単に流せない、そんなこともあるかと思います。

でも、心の中や身体のエネルギーが滞ってくると、身の周りに起こることも滞ってくることが多いのです。


自分は果たして、エネルギーが滞ってしまっているのかしら？　そんなふうに不安に思われる方もいるかもしれません。

エネルギーが滞ってくると、邪気がたまりやすくなってきます。そんなとき、いくつかのサインが現れてきます。

邪気がたまってきたときのサイン

邪気というのはエネルギーの流れが滞ることによってたまってきます。そんなときはオーラも濁った色になってくるようです。

エネルギー状態が滞ってくると、身体にも変化が現れてきます。全体にどこかくすんで、周囲に鈍い感じの印象を与えるようになってきます。身体も、特に食べているつもりはなくても、体重が増えてきて、全体に重い感じになります。

あるいは逆にやせていても、皮膚などがかさかさして、生気が薄れているような感じになり、実際の年齢より上に見られるようになったりします。

そうなってきますと、自分の中のエネルギーの滞りが、人と接するときにも影響してきます。

どうしてもとげのある言葉を言ってしまったり、ネガティブな言葉をつい使ってしまったり、気分が暗くなって表情にもかげりがでてきたり、あるいは疲れやすくなったりして体調にも影響が出てきます。

そしていちばん問題なのは、そうしたささいな変化に自分自身が気づけないことです。その結果さらに、エネルギーの滞りを進めてしまうことがある、ということなのです。

自分が言っていることは確かにとげのある言葉かもしれないけれど、それは正しいことを言っているのだから、悪くない。そんなふうになってしまうと重症かもしれません。

そこまで行く前に、できれば自分のエネルギー状態に気づいて改善するようにしましょう。

浄化の大切さ

では、そうならないようにどうするか、ですが、まず大事なのは自分のエネルギー状態をチェックすることです。

それには、定期的に自分の姿をイメージして、オーラの状態を見てみるという方法をおすすめします。

そのイメージの中でどこか暗くなっているところはないか、あるいは重い感じのするところはないか、そんなことを感じてみるのです。


あるいはそれが難しければ、自分の身体をイメージの手でスキャンして見るのも良いでしょう。

眼を閉じて、頭のてっぺんからつま先まで、イメージの手で、身体の内部をさわってゆくつもりで、エネルギー状態を感じてみます。

身体の表側も背中側も、側面も感じてみます。

それが終わったら身体の表面のエネルギーもさわってみます。

その中で、堅さや重さ、冷たい感じなどを感じたところが滞っているところになります。

こうして感じたことを、大切にしましょう。

そしてその滞りを浄化してゆくようにしてみましょう。

浄化とは、その滞りを流してゆくことです。

内的なアプローチであれば、時によっては手放すことでもあり、また、受け入れることでもあるかもしれません（そのあたりのことは後でお話しします）。

エネルギーが常に循環している状態が理想的です。
そのために、滞ってしまった古いエネルギーは手放し、新たなフレッシュなエネルギーを取り込んでゆくことで、人生もまた前に進む力を得てゆくことでしょう。

常に澄んだエネルギーを保つために、浄化はとても大切です。

呼吸を使った浄化法

ここからはいくつか、呼吸を使った浄化方法をご紹介してゆきましょう。ご自分にあった方法を取り入れて、エネルギーを美しく保ってください。

【カラーブリージング】

第一章でオーラの色についてお話ししましたので、ここではまず、色と呼吸をマッチさせた呼吸法をご紹介しましょう。

カラーブリージングと呼ばれる方法です。カラーブリージングと呼ばれる呼吸法は昔からあって、いろいろな方法があります。ここでは一つのやり方をご紹介しましょう。

まず、椅子に腰掛け背筋を伸ばします。身体はリラックスさせて、眼を閉じます。

そして、自分の居る部屋の壁から、座っている椅子、テーブル、ソファーに至るまで、最後には自分自身さえも特定の色にそまっているというふうにイメージします。

たとえば、部屋の壁、床、テーブル、椅子、髪の色、皮膚の色、服の色まで、すべて赤色にそまったと感じてみます。

赤がすぐに思い浮かべられなければ、リンゴの色など身近にある赤を思い浮かべながらイメージを広げてみます。

そうして、赤をイメージしながら色を呼吸してみるのです。吸う息とともに赤い色を取り込み、また吐く息とともに出してゆきます。

そうして、しばらく赤の波動に自分自身を共鳴させてゆきます。

もう十分だと感じたら、足の先から赤色のエネルギーを流し出してしまいます。足、おなか、胸、頭と順に赤のエネルギーを流して、出してゆきます。身体が済めば部屋の床も壁も、テーブルも椅子も、赤色のエネルギーを流してしまうのです。

イメージとしては、トイレに流してしまうような感じで、地球に戻してゆきましょう。

この浄化法は、深い呼吸を行うことで、息をつかって身体を浄化することができるだけでなく、色の持つエネルギーの力を借りることができる点ですぐれています。

赤は肉体的な生命のエネルギー、現実化の力、青はクールダウン、直感、あるいは緑色は心身の癒しなど、色の持つエネルギーについては、それぞれ個性があります。

第一章でも述べていますが、色から受け取るエネルギーにはそれぞれ違いがあります。必要な時に、必要なエネルギーを受け取りながら、身体のエネルギーの滞りを流してゆきましょう。

またこれ以外にも、自分なりのアイディアでやってみるのも良いでしょう。

【丹田呼吸法】

深い腹式呼吸は心身を浄化してくれます。呼吸に集中することで心身を浄化する手法は古今東西を問わず見受けられます。

丹田を意識しながら呼吸を行う時に、大切なことは姿勢です。腰を伸ばし、背筋をすっと立て、あごを軽く引いた姿勢で座ります。

できれば半跏趺坐《はんかふざ》か正座で行えれば良いと思います。もちろん結跏趺坐で行えるのでしたら、なおのこと結構でしょう。

鼻から息を吸い、背骨を通してそのまままっすぐに丹田と呼ばれる場所に息をおろしてゆきます。丹田とはへその下指三本くらいの位置にある場所です。そこをふくらませるようにして、深い腹式呼吸を行います。このとき胸はふくらまないようにします。

そして、丹田に息を落としたら、少しのあいだ息を止めます。そのとき肛門もしめるようにします。

そしてゆっくりと口から息を吐いてゆきます。

この呼吸を繰り返すことで、身体の中にたまった邪気を外に出し、新鮮な新しい空気を体内に取り込むことができます。

気が循環し、また丹田が活性化することで、体内の気も満ちてきます。

丹田呼吸法をつかった瞑想法の一つに、伝統的な座禅があります。座禅ではこの深い呼吸に集中することによって、深い瞑想状態に入ってゆきます。

【深息法】

これは大正期に活躍した霊術家の松本道別《まつもとちわき》という方が推奨している、邪気を出し、生気を体内に取り入れる呼吸法です。野口整体で知られる野口晴哉《のぐちはるちか》は松本道別の直弟子であったということが知られています。

この呼吸法は、邪気を出す段階と正気を取り入れる段階と二つに分かれていますので、それぞれ順を追って説明しましょう。

●邪気を出す

邪気を出し、正気を取り入れるのは朝日が昇る時間がもっとも良いとしていますが、朝早いのが苦手な方は朝八時までにこれを行うとよいでしょう。
まず、邪気を出すのは、西向きに出すのだとしています。
○西を向いて正座をする。足の親指と親指を軽く重ねる。膝頭を少し開き、左右の手の五指をももの上に置く。身体を軽く動かして、無理のない姿勢で座る。
正座が難しければ半跏趺坐かあぐらで座る。その場合は座布団を二つ折りにしてその上に座る。
○まず口から吐く
まず口をつぼめて細く長く息を吐き、吐くに従ってみぞおちをくぼめる。そしてだんだん腰を曲げて腰を二つに折り曲げて腹部をへこませる。
そうして全身の邪気を吐きつくす。

○鼻から吸う
吐き終わったら徐々に腰を伸ばして、起きあがるに従って鼻から少しずつ息を吸う。

○五回くりかえす
この吐いて吸ってを五回繰り返す。

●正気を吸入する

正気は邪気と異なり、口から吸って鼻から吐くということを繰り返します。

○日の出の方向に向いて座る

邪気を出した方向とは向きを変え、日の出の方向に向かって座る。季節によって東または南に向かって正座する。

○つばきを口の中に溜める

舌の先で口の中をなめてつばきを口の中に溜める

○正気を吸い込む

口をつぼめて徐々に細く長く太陽の光線と共に正気を吸い込む。

○下腹部に息を溜める

息を吸い込むにつれてみぞおちをへこませて、下腹部をふくらまし、臍下丹田に気を満たしてゆく。

○気を吸い上げる

臍下丹田に満ちた気を息を吸いながら腹をへこませて肩を上げ、肺の下部から肩の下の肺尖まで吸い上げる。

○気を呑み込む
息を肺の上の方まで吸い上げたら、少しそこで息を止めてから、口の中の唾液と共に気を胃の中に呑み込む。

そして口をぐっと閉じたまま、気をしばらく胸に止めて、次に気を下腹部に落として、みぞおちを少しへこませ、気を下腹部に数秒止める。
○気を吐き出す
気を下腹部で止めたら、苦しくなると同時に静かに鼻から細く長く気を吐き出す。
○十回行う

毎朝これを十回行う。慣れるに従って時間を長くしてゆく。最初慣れないうちは、十回に限らず、二十回、三十回と行うのが良い。

以上が深息法ですが、慣れるまでは少し難しそうです。しかし、朝日を向いて正気を取り込むという方法は、日本では古来行われてきた手法です。最初は難しいかもしれませんが、是非一度ためしてみて、その心地よさを味わってみてはいかがでしょうか。

この呼吸法については、八幡書店の『霊学講座』を参考にして書いています。

また、古神道には、他にも朝日と呼吸法を組み合わせた行法がいくつもあります。ご自分に合う方法をさがしてみるのも良いですね。

水による浄化

次は水による浄化法です。

身近にある水というと、水道から出る水です。ちょっと気分がよどんでしまったな、ショックを受けたな、というときなど、すぐにできる浄化法です。

まず、ハートにショックを感じたことを思い浮かべそれをしっかりつかまえます。

次にそれを胸の中心から両手を通って手放し、水とともに流れてゆくようにイメージします。

水道をひねって両の手のひらからでる「嫌な気持ち」を水と一緒に流

してゆくのです。時間はどれくらいでも大丈夫。気持ちが楽になったらおしまいです。

水道でなければ、トイレに流す、という方法もあります。

その場合にはトイレに入って、トイレットペーパーに嫌なことを書いたり、あるいは受け取ってしまった嫌なエネルギーを形にしてイメージし、ペーパーに丸めて包みます。

そしてトイレの中に捨てます。水を流してすっきりさせましょう。

実は、日本には昔から、水とともに穢れを流すという考え方がありました。

それは神社で奏上される「大祓祝詞《おおはらえのりと》」という祝詞にも記されています。そこには人々の、そして国の罪穢れを、川の急な流れにいらっしゃる「瀬織津比咩《せおりつひめ》」という神さまが大海原に持ち出て、次に潮が集まってくる広く遠い大海原にいらっしゃる「速開津比咩《はやあきつひめ》」という神さまが呑み込んでくださり、それを「気吹戸主《いぶきどぬし》」という神さまが、根の国、底の国に吹き込んでくださって、根の国、底の国にいらっしゃる「速佐須良比咩《はやさすらひめ》」がもってさすらい、すべての罪穢れをなくしてくださるのだ、と記されているのです。

これは水の大きな循環の力をイメージするとわかりやすいかもしれません。

川の流れに集まった水はやがて海へと流れ、そこに集まった水が潮の流れとともに大きく動き、海底へと流れ、あるいは水蒸気となって天に昇りそしてまた地表へと降りてくる。そんな大きな循環の中で、水に託したエネルギーの滞りがいつか自然に清められてゆく様を昔の日本の人々は感じ取っていたのかもしれません。

昔は七瀬の祓いといって、六月の「夏越の祓い」のときに、海辺で身にたまった穢れや、知らずに犯した罪を祓うという習慣もありました。また大晦日には大祓といって、一年の穢れを祓うことを習いとしていたのです。

年に二度の祓の儀式の時には、人形《ひとがた》といって、紙でつくった人の形をしたものに穢れを移して川に流すなどのことが、現在でも神社でおこなわれています。

滝行による浄化

今「ぷち修行」などといって、滝行も人気のようです。わたしもときおり行うのですが、きちんとした指導の元で行う滝行は心身共にリフレッシュする大変気持ちの良い機会となります。

気軽に行える浄化方法ではないかもしれませんが、だいぶたまってしまったな、と感じるときにはトライしてみることも良いのではないでしょうか。

わたしが行う滝行は神道式ですので、神道式の滝行につきまして、少しご紹介してみましょう。神道では禊《みそ》ぎといって、海や川、滝に入る前に行法を行ってから水の中に入るのです。

神道式の禊について

禊《みそぎ》行法は川面凡児《かわつらぼんじ》という方が昔からあったものを復興し、広めたといわれています。神道的な考えに基づいた行法です。

川面凡児氏は禊について、

「禊《みそぎ》とは霊注《みそ》ぎなり、神の霊《みたま》を我の霊に注ぎ入るるなり。表より云えば、水を注ぐがごとく神の霊を我の霊に注ぎ入るるのである。裏より云へば、『そぎ』は剃《そ》ぎにて、剃ぎ削るなり」（川面凡児『霊魂観』八幡書店刊）

と言っています。

つまり、水を通じて神さまのお力を身体の中に取り込んで、浄化をし、また水を通じて身を剃ぎ、罪や穢れを剃ぐ、ということです。

神道の考え方ですと、罪というのは誰しも知らず知らずのうちに犯してしまうものであり、また穢れもまた知らないうちに身の内外にたまってしまうものだと考えられています。ですから禊は普通に生活しているあいだにたまってしまった邪気を水を通じて浄化する方法、と考えてゆくことができます。

禊行事とは

具体的な行法についてかいつまんで説明をします。

まず最初に祓詞《はらえことば》といわれる祝詞《のりと》を斉唱します。

次に振魂《ふりたま》といって身体の前で左手を下、右手を上にして丹田の前で上下に軽く振り続けます。そのときに「祓戸大神《はらえどのおおかみ》」と唱えます。

その後、鳥船《とりふね》行事と言われる行事に入ります。

左足を斜め前に踏み出し、かけ声をかけながら両手を突き出して握り、また引き寄せます。そしてまた振魂をします。

次に右足を出し手は同様に船をこぐような動作を行います。そしてまた振魂です。

最後にもう一度左足を踏み出し、船をこぐように手を動かします。

鳥船行事の後は雄健《おたけび》行事です。

これは「生魂《いくたま》」「足魂《たるたま》」「玉留魂《たまたまるたま》」と唱えるものです。


次は雄詰《おころび》行事です。左足を斜め前に踏みだし、左手は腰、右手は人差し指と中指を立てて、あとの三指を折り、眉間の間に構えます。その姿勢で「国常立命《くにとこたちのみこと》」と叫びます。そして眉間に構えた右手を気合いを込めて振り下ろします。それを三回行います。

最後に伊吹《いぶき》行事です。

これは深呼吸のようなものですが、足を肩幅くらいに開き両手を広げて足もとから徐々に上に向かって広げてゆきます。頭上で左右の手を合わせ組んで徐々に下げながら腹の中に気を収め、また上体を下げて気を大地におろします。

これを三回繰り返します。

これらの行事がひととおりすむと水に入りますが、そのときも「祓戸大神」と唱えながら水の中に入ります。

神道式ではこんな具合に水に入るのですが、仏式などそれぞれの行場によってやり方が異なります。必ず指導者のもとで行いましょう。

一人で滝行などの禊を行うのは危険です。

塩による浄化

昔から飲食店の入り口には盛り塩がしてあったり、お葬式の帰りに塩を身体にふりかけてから自宅に入ったりなど、塩を浄化に用いる習慣があります。

塩を浄化に用いるときにはできるだけ天然塩を用いることが良いでしょう。ちょっと重い雰囲気の処に行ってきた日や、なんとなく身体が重く感じるときなど、お風呂で塩をつかって浄化をしてみましょう。

やりかたはとても簡単です。お風呂上がりに手桶の中に塩をひとつまみ入れてそれを身体にかけるのです。

これだけでも変わります。

もう少し重い感じがするようでしたら、身体を普通に洗ったあと、粗塩で身体を洗ってみましょう。これでかなり軽くなる感じがします。

さらに、お気に入りのアロマオイルを塩に垂らしてつかってみると、より効果的でしょう。

もし、バスタブが傷まないようでしたら、塩をお湯の中にいれて、その中でゆったり時間をすごし、半身浴をして軽く汗をかくくらいまでお湯につかるのも効果的です。

お風呂のお湯はそのまま抜いてしまいましょう。

お酒による浄化

わたしはちょっと気になることがあるときには、お酒でも浄化をします。

いつも使うのは黒糖焼酎です。アルコール度数が高いお酒で行う方が良いでしょう。

少量手のひらに取り、それを頭、肩、身体にすりつけます。首の後ろにもすり込みます。そうするとあっというまに軽くなってゆきます。

また、身体が重いことが続いて治らないときなどは、塩と同じように、お風呂の中に日本酒を一升瓶半分くらいいれて入ることもあります。お酒が苦手な方には難しいですが、これもまた浄化にとても効果的です。

部屋をきれいにする

『断捨離』という本が話題になりました。いらないものが入ってくるのを断ち、また身近にあるいらないものを手放すということの重要性がクローズアップされました。多くの人がその考え方に共感したようです。

今の自分に不要になってしまったものを手放す作業を通じて、今の自分自身を見つめ直すということはとても良いことだと思います。

また、何年もおいてあるのに使わないものがあったときに、なぜそれを手放せないのかという自分の内面を見つめる上でも、定期的に身の周りのものを整理することは大切です。

そして、物を手放すだけでなく、掃除をすることもとても大事な作業です。

部屋の中の気は放っておくと淀んでしまいがちです。ほこりやごみがたまっていると、そこに不要なエネルギーがからみついて滞ってしまいます。ですからできるだけさっぱりと掃除をすると良いです。

でも忙しくて毎日家中できない、という場合には、できるだけ玄関とトイレの掃除は頻繁に行いましょう。できることなら毎日行うと良いでしょう。

玄関は家の中に新しい気が入ってくる大切な場所ですし、トイレはその逆の場所です。どちらもとても家のエネルギーの出入りする大事な場所ですから、できるだけ頻繁に掃除できると良いですね。

あと、できれば水廻りは常にできるだけ清潔にしておきましょう。キッチンには食器などの洗い物はためずに、できるだけきれいな水廻りにしておきましょう。

自然と親しむ

日頃パソコンに向かって仕事をして、長時間同じ姿勢でいると、知らず知らずのうちに腰や背中に疲労がたまってきます。頻繁にストレッチをすれば良いのはわかっていても、なかなか仕事が忙しいとそうもしていられない。そんなことを感じたことはありませんか。

逆にたくさんの人と会う仕事をしていれば、自然とそこで摩擦が生まれ、ストレスもたまってくることでしょう。

そんなときは思い切って週末を使って、自然の豊かな場所でハイキングを楽しむことをおすすめしたいと思います。

大地に清らかな水が流れ、木々が豊かに茂っている場所を歩いていると、それだけで体内の滞った気が自然の気と循環してきれいになってゆきます。


歩くときには足の裏から息を吸って、また足の裏から息を吐くよな気持ちで歩くと、しっかり大地を踏みしめて歩くことができますので、ためしてみてください。

「水による浄化」の項目で書きましたが、水を使ってわたしたちの中にある不要なエネルギーを解放することができます。

水道水での浄化法を書きましたが、できれば自然の清らかな水であればなおいっそう良いです。川や海に手足を浸して、身体の中心から手足を通って邪気が流れ出していくことをイメージしてみましょう。

私たちは自然の中にいると、自分が天と地をつないで立っていることを改めて意識することができます。天の気、地の気を感じながら、深呼吸し、身体の気を大きくめぐらせてみましょう。

多くの神社にはご神木と呼ばれる樹齢何百年という神宿る木がありま す。神社でなくとも、山に行くと、幹が太く、大きな立派な木々がたく さん生えています。そうした木とエネルギーを交流させてみましょう。

木に抱きついたり、触ったりして、そのエネルギーを感じてみてくだ さい。木も私たちも元は同じエネルギーから出来ていると言うことを感 じることができるでしょうか。

しばらくのあいだ静かに樹木のエネルギーを感じ、自分たちのエネル ギーとの差異や共通である部分など感じてみてください。きっと素晴らしい気付きがもたらされると思います。

さらに、樹木だけでなく、岩のエネルギーも感じてみましょう。

古来、日本人は磐座《いわくら》や神籬《ひもろぎ》に神さまを降臨して神事を行ってきました。磐座とは大きな岩や石のことで、そこに神さまが宿っている依代《よりしろ》だと考えられてきたのです。

神籬は垂直にすっと伸びた常緑樹のことで、そこに神さまが降りてくると考えられていました。

樹木や岩に神が宿るのであって、樹木や岩が神そのものということではありません。しかし、昔から私たちは、岩や樹木は神さまが降臨する場としてとらえていたのでした。

さて、話を岩に戻しますが、手で触って岩の揺るぎない感じや、幾百年あるいは幾千年もの長い時間をそこで過ごしてきたエネルギーを感じてみましょう。

わたしたちの心は外界で起こった出来事にすぐに左右され、揺れ動きます。感情的な乱れが生ずるのも仕方のないことです。わたしたちは動いているのですから。

でも感情的な乱れやストレスは、すぐに流さなければ淀みとなって私たちの中にとどまってしまいます。

岩の揺るぎない不動のエネルギーを心に感じることで、自分の中にある揺るぎない本質的なエネルギーを感じ、そこにつながる時間を持ってみましょう。

ファスティング

ここ数年、デトックスという言葉をよく見かけます。身体の中の余分なものや、滞ってしまったものを体外に出すために、色々な手法が雑誌などで紹介されています。

このデトックスの一つにファスティング（断食）があります。

断食というと何か恐ろしい感じですが、週末だけ、一日だけの断食などがはやっているようです。

断食には色々なやり方があり、たとえば水も食事も取らないハードな方法もありますが、もう少し穏やかな方法が良いと思います。

ここでためしていただきたいのは、空腹感をしっかり味わう、ということです。

たとえば、週末の金曜の夜はおかゆにしておいて、土曜日一日は水分だけ。そして日曜の朝からまたおかゆに戻す、などという短期間で行う形はどうでしょうか。

わたしたちは街を歩いていても、雑誌やテレビを見ていても、視覚的に聴覚的に、また嗅覚からも食べ物のデータが入り、食欲を過度に刺激される環境にあります。

でも、実際にはそれほど食べる必要はないのです。

私たちの身体は、おなかがすいたら食べる、というのが基本です。でも実際には、ついそれ以上に食べてしまっているのではないでしょうか。断食を通して、空腹を感じてみましょう。

腸を休めることは、健康にも良いと言われています。

是非一度、軽めの断食にチャレンジしてみてください。

そうすることで、本当に身体が求めている食べ物を感じる力が出てくると思います。

新鮮な野菜や果物を摂る

書店でスムージーやジュースのレシピ本を見かけることが多くなりました。数種類の野菜や果物をブレンダーに入れてスムージーを作って飲むのですが、色もきれいで、思わずためしてみたくなりますね。

野菜をたくさん食べるのはなかなか難しいので、スムージーにして飲むと良いと思います。あるいは低速回転のジューサーを使って、ジュースを作って飲んでもよいと思います。

そのときできるだけ新鮮なものを使うことをおすすめします。抗酸化力の高いビタミン類などは時間が経つにつれて壊れてしまいますから、新鮮なものを摂りましょう。

さらに出来ることなら、オーガニックの野菜や果物を摂れると、なお良いです。もし、難しければ、できるだけ季節の旬の野菜や果物を摂ることを心がけることをおすすめします。

フレッシュなジュースやスムージーを飲んで、身体の中のエネルギーを高めましょう。そして、不要なものを体外に出すリズムを作りましょう。

身体の声を聞く

私たちはふだん色々な形で、他の人とコミュニケーションを取って生活をしています。でも、私たち自身の身体としっかりコミュニケーションを取っているでしょうか。

忙しいとついおろそかになる自分自身の身体への気配りは、病になってはじめて気づかされることが多いです。

でも、その前に、日頃から身体とのコミュニケーションを取って、邪気を溜めず、健康を保てるようにしたいですね。

そのためにも身体に向き合う時間を定期的にとってみましょう。

ヨガ

ヨガのクラスに通って、じっくりと身体の声を聞くのもよいと思います。ヨガのアーサナがどのように身体に響くのか、それを感じることが瞑想であると思います。

ヨガにもいろいろありますが、できるだけ、身体の内部を見ながら、内なる静けさを味わう時間がとれる形が良いのではないでしょうか。

また、ヨガには、呼吸法がいくつかあります。また、瞑想を指導してくださるクラスもあるでしょう。深い呼吸や瞑想を続けることで、身体に向き合う時間をとることができます。

クラスに通う時間がなければ、ＤＶＤや本を見ながらやってみて、その中で自分なりにじっくり身体と向き合う時間を持つ、という形でも良いと思います。

野口体操

身体の声を聞くのにもう一つおすすめしたいのが野口体操です。野口体操は野口三千三《のぐちみちぞう》という方によって始められた体操です。

野口体操では身体を皮膚という袋に体液がつまってゆらゆらと動く流体であるととらえています。

そのことを野口氏は「皮膚という原初的な脳、今は外側の脳ともいうべき生きている一つの袋、この袋の中に体液という生き物がいっぱい、その体液にとっぷりつかって生きているのが筋肉・骨・脳・内臓……、この体重構造の生き物全体が自分なのである」と言っています（野口三千三『原初生命体としての人間』岩波書店刊）。

筋肉を鍛える、筋トレをがんばる、というイメージとは異なり、ゆらゆらと揺れる動きを基本としています。動きは丸く円を描くような、動きが動きに伝わってゆく螺旋の動きのようなイメージです。

また、からだを「ほどく」ということを大事にしていて、「『ほどく』というのは『ほ』の状態になるように『とく』ということです。『ほどく』の連用形が『ほどけ』なんですよ。この『ほどけ』が『ほとけ（仏）』の語源なんだ」と野口氏は言っています（野口三千三＋養老孟司『アーカイブス野口体操』春秋社刊）。

そして、からだをほどいてゆくと、地球との一体感が出てくるといいます。地球の重力に委ねて、身体の重さに任せたときに、地球の中心の方向にぴたっとはいる感覚があるのだそうです。

からだとこころはもともとひとつ。からだをほどいて、こころもほどいてゆく。ほどくことは浄化と深い癒しにつながりますね。

部屋の空気の浄化

身体のエネルギーが滞るのと同じように、部屋のエネルギーも滞ってしまうことがあります。できるだけ、不要なものは手放し、いつもすっきりと風を通しておきたいものですが、そうしていても滞ってしまうようなとき、自分の気持ちが沈んでそれが部屋の空気も重くしてしまっているようなとき、植物の力を借りることが助けになります。

【スマッジング】

最近はクリスタルショップなどで簡単に手に入りますが、ホワイトセージを焚いて部屋を浄化すると、すっきりします。スマッジングの前に、部屋に空気を通し、ある程度、掃除を上で行った方がより効果的です。

【アロマテラピー】

最近はリフレクソロジーやアロママッサージのお店なども増え、気軽にアロマテラピーを楽しめるようになってきました。

アロマテラピーは、キャリアオイルにアロマオイルを垂らしてマッサージを行って皮膚からオイルの成分を吸収する方法や、アロマポットやお湯の中に垂らして、蒸気にして成分を取り入れるやり方など、さまざまな活用方法があります。アロマポットを使用した場合、香りによって部屋を浄化することもできます。ここでは浄化系のオイルを中心に、いくつかご紹介してみましょう。

〈ジュニパー〉

とても浄化の力が強いオイルとして知られています。

精神を浄化するとも言われ、心、身体、空気すべてを浄化する作用があります。また、余分な水分や毒素を排出することも手助けしてくれます。ただし妊娠中には使用してはいけないオイルの一つですので、気をつけましょう。

〈ティートリー〉

すぐれた殺菌力があり、また落ち込んだり、ショックを受けた心を励ましてくれる香りです。殺菌、消毒の効果が高く、免疫力を高める作用もあります。

〈サイプレス〉

心がイライラするときやトラブルが発生して落ち着かないときなどに効果があると言われ、心を静めてくれる香りです。森の中にいるかのような香りが興奮を鎮め、穏やかな状態にしてくれます。

〈フランキンセンス〉

またの名を乳香ともいいます。聖書の中で、イエス・キリストの誕生の時、フランキンセンスが捧げられたとの記述があります。昔から、宗教的な儀式や瞑想において使われてきました。心を穏やかにする作用があるといわれています。

これ以外にもたとえば、ローズオイルは女性にはとても効果のあるオイルとして知られ、女性らしさを高めてくれる香りとして有名です。

また、ラベンダーオイルは、アロマオイルと言えばラベンダーというくらいよく知られたオイルですね。

ラベンダーは直接肌に塗ることができるオイルで、やけど・切り傷などの際に使用することもできますし、またリラックス効果をもたらす香りとしても知られています。

他にも、少し珍しいオイルかもしれませんが、ヤロウは抑圧した怒りを解放し、苛立ちを鎮めてくれるオイルと言われています。

このように、今では身近になったアロマオイルを生活に取り入れて心や体をリフレッシュさせみましょう。

ただし、オイルにはそれぞれ禁忌事項などもありますから、よく確かめてから使用してください。

フラワーエッセンス

フラワーエッセンスは昔から民間療法として広く行われてきたとも伝えられますが、イギリスの医師でもあり免疫学者でもあったエドワード・バッチ博士が療法を確立したと言われています。

バッチ博士は特定の同じ病に効いた治療が、同じ病気の他の患者に効かないことに疑問を抱き、病名や症状よりも患者の気質や性格、感情などに注目し、患者全体を診《み》ることが重要であるということに気づいたのです。

そしてその治療のためのシンプルな薬を、自然の植物の中に発見したのでした。彼は朝、ウェールズの原野を歩いていたとき、植物に朝露が輝いているのを見ました。この朝露の中に、植物のエネルギーが含まれていることを直感したのです。彼は新しい花を水を張ったボウルに浮かべて太陽の光に当てることで、植物のエネルギーを持った母液を作るやり方を発見したのです。

そのようにして、彼は三十八種類のフラワーエッセンスを発見しました。自ら原野を歩き、舌でふれたりすることで、花の効能を感じ取り、花のエネルギーが転写された水をもとにレメディーが作られたのです。苦しみの原因となるマイナス感情に対応するエネルギーがキープされたレメディーです。

医薬品ではありませんが、こうしたエッセンスを取り入れることで、自然治癒力が高まると考えられています。

今ではさまざまなフラワーエッセンスが作られていますが、ここではバッチ博士のフラワーレメディーから少しご紹介してみましょう。

【クラブアップル】

このエッセンスは、自分に嫌いなところがあり、そのことで悩んでしまう人のためのエッセンスです。自分自身や周りの環境が汚れていることを許せない気持ちに働きかけます。自分自身をありのままに受け入れられるようサポートしてくれます。

【スターオブベツレヘム】

肉体的ショックや、トラウマに悩まされている人のためのエッセンスです。過去の傷が癒えない状態でいる人に、ショックを緩和し、心の痛みを和らげてくれるよう作用します。

また予想もしない悪い知らせを受けたときのショックを和らげてくれます。癒しのエッセンスです。

【ロックローズ】

このエッセンスは、緊急事態、突発的な出来事が起こったためにパニック状態になっている人のためのエッセンスです。パニックや強いおびえ、恐怖心などを和らげ、冷静に対処できるようにサポートしてくれます。

【レスキューレメディー】

これは五つのフラワーレメディーがミックスされています。緊急事態の時に対応するためのエッセンスです。緊張を強いられる場面の直前や、突発的な出来事にショックを受けたときなど、心の状態を和らげてくれるよう作用します。

バッチフラワーエッセンス以外にも、たくさんのフラワーエッセンスがあります。たとえば、フィンドホーンフラワーエッセンス、ＦＥＳフラワーエッセンス、アラスカンフラワーエッセンス、オーストラリアン・ブッシュフラワーエッセンス等々です。

ご自分の今の状態にあったエッセンスを探してみるとよいでしょう。

笑いの力

気持ちを浄化する方法は今までの例の中でもふれてきました。今までふれてきたことはどれも身体と気持ちを浄化する方法なのですが、もっと直接的にすぐさま気持ちを切り替える素敵な方法があります。

それは、ほほえむこと、笑うことです。

なーんだ、と思われるかもしれません。でもつらいときやショックを受けた丁度そのときにほほえむなんて、出来ないと思いませんか？

でも、深い呼吸をして、それから口角をちょっと上げてみただけで、不思議に心の中がリセットされるのです。できたら声を出してくすっと笑うことができたら、だいぶ気持ちが変わっていることに気づくと思います。

パッチ・アダムスというアメリカのお医者さんをご存じでしょうか。彼は医療に笑いの力を持ち込んだ素晴らしいお医者さんです。笑いが免疫力を上げる、ということは広く知られていますけれども、病院内にその笑いの力を取り入れ、患者やその家族のサポートをする活動を行っています。

病気になったとき、いちばん大切なのは、「生きる」ことにフォーカスすることです。治療は必ずしも楽なものとは限らないけれど、そんなとき、笑いとともにあることはとても大切なことです。笑いは患者や家族を勇気づけ、力づけてくれます。

病のときだけではありません。人生の中には、たくさんの試練があります。その試練に出会ったとき、そこに向き合うためにも笑いの力は大切です。

日本には昔から「笑う門には福来たる」ということわざがあります。笑顔を作っていると不思議と良いことが寄ってくるという先人の言葉をかみしめて、私たちの生活に活かしてゆきたいですね。

身体に感謝する

アメリカの先住民である、ラコタ族につたわる「ホーミタクヤセン」

という言葉があります。これは治療に用いる「癒しの言葉」なのですが、身体の部分一つ一つに、臓器の一つ一つに感謝してゆく美しい言葉です。

私たち一人一人がかけがえのない存在であること、自分の代わりはだれもいないこと。

そして、体の中に闇をみつけたらその部分に愛を伝え、抱きしめ、ともに泣くこと。

風に雲に、木に、すべての生きとし生けるものに感謝をすること。

そうした言葉がつづられており、読み進むことで深いところが癒されてゆくのを実感します。

わたしたちは自分自身の身体に感謝をすることを忘れています。「そんな暇がない」からです。

でもそれはとても大切なこと。

自分の身体をいたわる、自分の身体に感謝をする、痛みにほほえむ。暇がないときほど、自分自身の身体に感謝し、心と体を一致させる時間をとりましょう。それは必ず深い癒しをもたらし、気持ちを切り替えてくれます。

身体と心を一致させる

この章のまとめに、からだと心を一致させることについて考えてみましょう。

今まで、水や大地、香り、花の力、そうしたものの力を借りて、気持ち、身体、エネルギーを浄化する方法を読んでいただきました。

浄化した上で大切なのは、「今この時」に身体と心を一致させることなのです。

わたしたちは、過去の記憶に悩まされて怒ったり悲しんだり、悔やんだりします。そして未来のまだ実現されていない出来事に不安を感じたり、喜んだりして、始終今ここの現実から離れたことに頭や気持ちを使っているのです。

そうしたことは身体や心に不要な負荷をかけ、エネルギーの滞りを生み出します。

さまざまな方法でエネルギーをきれいにしたら、常に今、ここ、を意識して完全に自分自身であることをイメージし、エネルギーを強めてください。

そのために大事なのは深い呼吸です。呼吸をして、深いところにあるとても静かな自分自身につながるようイメージするのです。

本当の自分自身はかならずあなたの中にみつかります。

一日のうち何回かでも良いので、深い静けさの中にいる本当の自分とつながる時間をもって、その自分が今ここにある自分に満ちてゆくのを感じてみましょう。

第三章

オーラ磨きは魂磨き

第一章でオーラについて、そして第二章ではオーラをきれいにするために、エネルギーの浄化方法について、お話ししました。

第三章ではもう少し、根本的なお話をしたいと思います。

オーラというのは簡単に言えば、私たちの存在が発しているエネルギーの総称だ、というお話を第一章でしてきました。それならば、わたしたち自身のエネルギーがきれいになるためにはどうしたらよいのでしょうか。

すでにお話ししましたが、日々の暮らしの中で、色々な出来事に遭遇し、傷ついたり怒ったり、悲しんだり。

そんな感情の揺れやストレスで見失っている「本来の自分」に立ち返る時間を持とうとすることが、大切だと思います。

では、わたしたち本来の姿とはどのようなものなのでしょうか。

わたしたちはすぐ自分はこうだからだめだ、と思ってしまいがちですが、実はすでに完全なのだと言えます。

少し難しいお話かもしれませんが、聞いてください。

私たちは一人一人、個人として生きている、と思って生きています。

でも、実はそれは錯覚なのです。

本当は、わたしたちの意識はみなつながっていて、そのつながりのなかで存在している一つのエネルギーの節のようなものが、私たち一人一人の人間の意識なのです。

自分とはなんだろう、自分の意識とはどこからどこまでなのだろう、と感じてみたときに、実は隣に座っている人ともつながっているし、離れて暮らしている友人や家族とも意識がつながっていて、切れ目がないことを知るでしょう。

そうした切れ目のないつながりこそ、人間の存在なのです。人と人とがつながっているだけでなく、それはすべての存在にまで拡大できることなのです。

目を閉じて感じてみてください。
自分という意識はどこにあるのか。
それは果たして限定されたものでしょうか？

私たちの意識は、すでに遠くまで広がり、宇宙までつながる意識の連鎖であることを感じ取ることができたならば、私たち一人一人が何一つ欠けることのない存在であることがわかるでしょう。

しかし、多くの人がその意識のつながりを忘れ、切り離され、自分は一人であると感じています。孤独を感じ、欠乏感を感じています。

しかしそれは錯覚であることを思い出す時間をとりましょう。

わたしたちは皆生命の源である神聖なエネルギーから生まれ出た神聖な存在です。すべてがつながっていて一つであったところから、肉体という器に入り、個人という枠の中に入っています。そのため、わたしたちは、非常に限定された存在であるかのように感じてしまいます。

社会に出て、コミュニティーの中で、学校や、友達とのコミュニケーションの中で、個人であるということ、人と自分が別れているということが前提となってなりたっているこの世界の中で、すべてがつながっているという意識において生きることは困難を伴うでしょう。

でも、やがてすべての人がそのことを思い出すときがきます。

わたしたちが行うことはすべて、私たち自身にたいして行っていることであることを思い出すでしょう。

言葉は力を持っています。

言葉の持つ力を人は忘れてしまったのでしょうか。

勇気をくれる言葉、愛を感じる言葉、優しさ、慈しみを感じる言葉を選んで使ってください。それは言葉をかける相手に対してだけでなく、あなた自身に対しても力を放つでしょう。


言葉はエネルギーなのです。

言葉によってつかみ取られ表現されたエネルギーは、解き放たれ、やがて発信した自分自身に返ってきます。


言葉を発するとき自分自身の本心とずれてしまっては、言葉の力は発揮できません。言葉本来の力とは、自分自身の中心にあるエネルギーとつながっています。

自分自身の中心のエネルギーが澄んでいることはとても重要です。

発言に力が増してゆくときはそんなときなのです。

あの人の言うことには説得力がある、という時、自分の中心のエネルギーと言葉が離れていないのです。完全に一致しているのです。だから人を動かす力を持つのです。

それはその人本来のエネルギーが言葉に乗っているからなのです。

素晴らしい言葉を発信する人は、心の中が愛で満たされています。

私たちの中にある愛は、無尽蔵です。愛は与えれば与えるほど湧いてくるものです。それは人間の中にある無限のエネルギーです。

出し惜しみをすると、エネルギーは枯渇してしまいます。

欲する人に、そのとき出来る限り、あなたのエネルギーを流してあげてください。

　そのとき、あなたが限定された一人の人間である、という意識からは離れ、すべての存在とともにあることを思い出しながら行ってください。

　形のあるものは必ず壊れます。しかし、形にとらわれることのないエネルギーはその有り様を変え、つねに流れてゆく物なのです。ですから失われることはありません。流れ出した分は必ず、あなたのもとに流れ込んできます。


　大切なのは根源のエネルギーと共にあることを常に忘れずにいることです。魂の根源のエネルギーから離れていると感じるとき、私たちは孤独であり、無力であると感じます。魂の、生命のダイナミクスから切り離されているとき、わたしたちはまったく力のないちっぽけな存在となりはててしまうのです。

生命の根源のエネルギーを私たちはどこに見いだすでしょうか。

都会を離れ、美しい森や海、湖など自然の豊かな場所で、そこにながれる空気と光、鳥のさえずりや、風のざわめき、虫たちの声を聞くとき、それを思い出すでしょうか。

夜の闇の深さから、一転して光に満たされた朝が訪れるとき、私たちの中の闇も消え去るのだと思い出すでしょうか。

やわらかな光を放つ、生まれたての赤ん坊にふれたとき、命の流れを思い出すでしょうか。

私たちのまわりに命の巡りは満ちあふれています。

ただ、それを忘れてしまっているだけです。

もういちど、そこにつながる心を取り戻しましょう。
夜から朝に変わる空気の流れを感じてみましょう。
朝日を見て、そのエネルギーを吸い込んでみましょう。
花を飾り、その花のエネルギーとつながってみましょう。

自分もまた命の一つであることを感じてみましょう。
あらゆる物が光とエネルギーを発していることを感じ取ってみましょう。

大いなる者、神のエネルギーは常にあなたのそばにあって、あなたがその存在を思い出し、受け入れてくることを願っています。
あなたがそのエネルギーとつながりたいと願ったとき、それははじめてあなたの中に流れ込むことができます。

始源のエネルギー、神のエネルギーとあなたは一つです。そのエネルギーはあなたとつながり、あなたという貴い一人の人を通して形になることを願っています。

私たちは欠けている、という思いにさいなまされることが多々あります。でも本当はそうではないことをもう一度ここで思い出してください。

すべての存在は始源とつながった、完全で、ユニークな個性です。誰かであろうとするのではなく、自分自身でありましょう。

愛のエネルギーにつながるとき、私たちは愛で満たされます。

憎しみのエネルギーにつながるとき、私たちは憎しみで満たされます。

自分自身を愛するとき、愛と憎しみのどちらで自分を満たすことを望むでしょうか。

時は流れ、すべては移ろってゆきます。

憎しみや怒りの原因となった出来事は決して忘れられない、と思うでしょうか。

憎しみや怒りのエネルギーは私たちを破壊します。

そのエネルギーと共にあることを選択するのか、それともすべてを命の流れとともに変化してゆくその移ろいに任せて、委ねてゆくことを選択するのかは私たち自身が決めることです。

出来事を許せないこともあるでしょう。
でも、自分をどのようなエネルギーで満たすのか、私たち自身が決めなければなりません。

自分自身を愛しましょう。

私たちは自分自身への愛をいちばん後回しにしてしまいがちです。
自分を慈しむ時間を早急に取ってください。
自分をいたわり、自分自身に優しくあることは、今の時期にとても必要なことです。

自分自身が今、何を本当に必要としているのか、感じたことがありますか。
考えるのではなく、感じ取ることが大切です。

あなたの体は何を欲していますか。
あたたかいベッドで今すぐ体を休めることでしょうか。
適度な運動でしょうか。
心を癒す音楽や美しい絵を求めていますか。
仲違いしてしまった友人ともう一度連絡をとることを欲しているでしょうか。

悲しみに満ちた記憶に対して優しくケアされることを欲していますか。

愛する人との深い交流を望んでいますか。

あなたの中で、助けを求めている場所はどこですか。

痛みを感じる場所はどこでしょうか。

ただ頭を休めて、本当に必要とすること、本当に欲していることを感じ取ってみましょう。

本当に必要とすることがわかったら、その思いを一つでもよいから、実際に行ってみましょう。

今やらなければならないことを、そっと脇において、たとえば、本を読むことかもしれない、ジョギングをすることかもしれない、

体や心が求めている小さなことをたった一つでも良いですから、自分自身のためにやってみてください。

怒りや憎しみではなく、自分自身への愛を選択し、行ってください。

あなたの代わりになる存在はどこにもありません。

あなたの中には、あなたが生まれてくるまでの命の連鎖と、生まれてきてからのすべての歴史がつまっています。

あなたの中の時の積み重ねを、愛してください。

あなたにつらなる命の連鎖に愛を送ってください。

感謝を送ってください。

あなたが存在することに、愛を送ってください。

あなたが特別な存在であり、命の連鎖に愛されていたからこそ、ここに存在できるのだ、ということに気づいてください。

あなたの命は悲しみからではなく、大いなる始源のエネルギーの愛から生まれています。

どうぞそのことを忘れないでください。

身体のすみずみにまで意識を行き渡らせましょう。

どんな小さなところも見落とさず、感じてみましょう。

心はカメラのようにすべての出来事を写し、身体の中にストックしています。

身体の中の痛みは、心の痛みの反映であることもあります。

身体の痛みにそっと寄り添ってください。その痛みを感じ取ってみましょう。

痛みの奥には何があるでしょうか。どんな感情や、反応、出来事の記憶があるでしょうか。

そのエネルギーを感じ取ったら、それをいったん受け入れ、その後で、愛と光でみたしてみましょう。いままで無視して、気づかぬふりをしていたことを謝ってみましょう。

愛と感謝とともに、そのエネルギーを手放しましょう。

身体の動きに従ってみましょう。

身体はどのような動きを求めていますか？

首をゆっくり回す動きかもしれません。上半身をゆらゆらと左右に動かしたいのかもしれません。足を動かすのもダンスをするのも良いでしょう。

身体の内側からわき出る動きに自分を委ねてみましょう。
身体と心は一つのものです。
頭で考えるのではなく、身体と心を一つにしてみましょう。

ゆるやかにほぐしましょう。
ゆるやかにほぐれてゆくと、滞っていた自分のエネルギーがまた、流れ始めます。

堅さは運勢の流れを滞らせます。
やわらかく、流れに委ねてゆくのです。

形にこだわらず、自分のペースで、自分の動きを感じ取ってみましょう。

身体の中の水を感じてみましょう。私たちの体内にある何億という細胞にある水を感じましょう。

母なる海の水、天に昇り、また雨となって地に降りてきて、天と地を巡ってつなぐ水が、私たちの身体の中にあることを感じましょう。

水に感謝をしましょう。私たちの身体を潤し、満たす水にありがとうといってみましょう。

水を通じてすべての細胞にあなたからの愛と感謝と光を伝えてみましょう。

すべての細胞と自分の意識をつなげてみましょう。

身体の隅々にまで自分自身への愛で満たしましょう。

あなたを愛することは、あなたの周囲の人々を愛することにつながります。

あなたを慈しむことは、あなたの周囲の人を慈しむことにつながります。

あなたを尊ぶことは、あなたの周囲の人を尊ぶことにつながります。

あなた自身への愛であなたを満たしてください。

代替物で自分の欲求を満たすことをやめてみましょう。本当に必要とするもの、欲していることはなんなのか、最後まで感じ取ってみましょう。

代わりのもので埋め合わせるのではなく、本当に欲しているのは何なのか、深く感じてみましょう。

本当に望んでいることはなんですか。

心を許せる友人関係ですか。家族とわかりあうことですか。過去の痛みから解放されることでしょうか。

本当の自分の望みと向き合うことを恐れずにいましょう。

その代わりにお金や、贅沢な食事や、アクセサリーなどを欲している
かもしれません。
いつわりの関係を続けているかもしれません。
あなたの本当の悲しみやさびしさを感じることを通じて、本当に望ん
でいることも見えてくるでしょう。
魂を感じる時間を取りましょう。
あなたの中心の、もっとも暖かく、心地よい光に満ちたエネルギーを
感じてみましょう。
ただ静かに深い呼吸をしてつながってみましょう。
あなたは光そのものです。

光が全身に広がるまで、ただ静かに深い呼吸を続けましょう。

光はあなたの身体の中心からあふれ続け、あなたの腹や背中、手足や頭の先までも満たし続けるでしょう。

その光は身体の隔てを超えて広がってゆきます。

あなたの中心の光と深くつながってください。

あなたの光の中心の深い深い底までも感じてみましょう。

あなたの中心はどこまで深く続いていますか。

私たちの中心のエネルギーは私たちの命の源までつながっています。

その源のエネルギーを感じてみましょう。

完全に安心で、くつろいでいる、その状態を感じてみましょう。

なんのこだわりも縛りもなく
完全に安らかで透明なそのエネルギーと一つでありましょう。

彼方にある天上の音楽を受け取ったなら、それを地上で奏でましょう。

美しい夢幻の言葉の調べを受け取ったなら、この地でそれを紡ぎましょう。希望に満ちた力強いヴィジョンを見たのなら、それをここで実現しましょう。


あなたの意識の底にある光は、あなた自身のこれからの道を照らしてくれます。

あなたの意識が明るく澄んで、透明に輝けば、あなたの道も平坦にあなた自身へと導いてくれるでしょう。

あなた自身の夢はあなた自身の未来を作ってくれます。
怖がらずこだわらずユーモアを持って、それを実現してゆきましょう。
かならずあなたの夢を実現する道に導かれます。
恐れは道を複雑にします。

本当に望んでいることは何なのか。本当に欲していることは何なのか。

透明なこだわらない光のエネルギーである、あなた自身からその夢は照射されます。

あなたが本来の自分自身と離れているかどうか、
あなたの身体はよく知っています。

あなたの身体は何を訴えていますか。

身体の堅さは心の堅さの表れです。
身体のどこに堅さを感じますか。

ゆるめましょう。

ほどきましょう。

そうして自分本来のありように戻りましょう。
あなたは決して一人ではありません。
気づいてください。地球は今そのときを迎えています。
今一人一人、本来のありようを取り戻す時なのです。
すべての存在に敬意をあらわしましょう。
今この困難な時を共有して、生きているすべての存在に敬いの心を持ちましょう。

まず、自分自身に敬いの心を持ちましょう。日々ものいわず動いてくれている心臓にも、絶えまなく変化する状況に対応してくれている脳にも、たくさんの食べ物を消化してくれている胃にも腸にも、身体に栄養を運んでくれている血液やリンパの流れ、身体を支えてくれている骨にも。

そして、わたしたちが生きるうえで欠かせない酸素を取り込んでくれている肺にも気管にも。

膵臓や肝臓、脾臓、わたしたちの女性性、男性性を表してくれている性器にも。

すべての情報を感知してくれている目にも耳にも鼻にも口にも。

ありとあらゆる身体の部分を覆ってくれている皮膚にも、そして爪や髪にも。

一つ一つを感じながら感謝と愛を送ってみましょう。

私たちが生きるということは、これらの身体のすべてが調和してはじめて実現されることです。

無意識に使っている身体に、改めて感謝と愛を送る時間を持ちましょう。

魂と身体は不可分です。

魂の透明さは身体の透明さにつながり、
身体を澄んだ状態に保つことは、魂と心の透明さにつながります。

どちらかだけを追い求めることは、バランスを欠く行為です。

人とのつながりを大切にしましょう。
人と人とが心地よくつながることができるには、相手に対する敬いの心が大切です。

心を明るい気持ちで満たしましょう。
暗く、落ち込んだときほど、何か一つでも良いですから明るいことを思い出しましょう。

わたしたちはこの変化の時、決して一人ではないことを思い出しましょう。

朝日が必ず昇るように、必ず闇を乗り越えることができるでしょう。

手を携えて、本来の自分自身に至る道を歩んでいきましょう。

あとがき

最後までお読みいただきまして、ありがとうございます。

「オーラってどんなもの？」「オーラ視ってやってみたいけれど、どうすればいいの？」という疑問やお気持ちに、本書が少しでも応えられていたらうれしい限りです。

本書内でも触れていますが、私自身はふだんオーラ視をほとんど行わないでいます。エネルギーを読む時には、つい自然に違う領域に触れていってしまうことが多いのです。

でも逆に、そんな私だからこそ、オーラを見るってどんなこと？　という疑問に最初の一歩から素直に向き合うことができたのかもしれません。

本書をお読みいただくことで、オーラを見るなんて難しい、と思っている方にも、「そんなことないんだ」という自信を持っていただけたら嬉しいです。

オーラはエネルギーです。

オーラ視に関心をお持ちになることで、自分は肉体だけではなく、微細なエネルギーからできているのだ、という事に気づいてゆくと思います。

そこからきっと、新しい世界が目の前にもっともっと広がります。

最後に、オーラ視についての本を書く機会をお与えくださいました、八幡書店社主武田崇元様、本書をすばらしい形に仕上げてくださいました、編集ご担当の堀本敏雄様に深く御礼を申し上げます。

この本を手に取られた方々の世界が新たに広がり、ご自分のさらなる可能性に気づいてゆかれますよう願っております。

著　者

■著者略歴

川合絵津子（かわい　えつこ）

早稲田大学第一文学部卒業後、社会人経歴を経て、スピリチュアルカウンセリング等の活動を開始。日本南西諸島の巫者達との関わりを通して、自分自身の神祀りの道を探求する必要性を感じ、神道を改めて学び直すことを決意。國學院大學神道文化学部に学士入学し、神職資格を取得。『神代の言の葉カード』ガイドブック著者。

オーラを磨《みが》く宇宙《うちゆう》の法則《ほうそく》

2014年6月12日　初版発行

著　者　川合絵津子
発行者　堀本敏雄
発　行　八幡書店
東京都港区白金台3-18-1八百吉ビル4F
TEL：03-3442-8129　FAX：03-3444-9439
装　幀　勝木雄二
イラスト　尾崎仁美
印　刷　平文社
製　本　難波製本

ISBN978-4-89350-737-2 C0011 ¥1500E